El rey de las calabazas

por Sandra Widener
ilustrado por Doug Roy

Orlando　Boston　Dallas　Chicago　San Diego

Visita *The Learning Site*
www.harcourtschool.com

Esta aldea donde vivo es un buen lugar. El aire es suave y el agua es dulce. Tenemos un buen suelo para cultivar calabazas y maíz.

Todos los años tiene lugar en mi aldea una gran feria. La gente trae sus mejores mermeladas. Hornean pan caliente. Hacen dulces y galletas. Presumidamente tenemos los cocineros que hacen la mejor comida del estado.

Lo que más fama da a nuestra aldea son, sin embargo, las calabazas. Cultivamos calabazas ¡del tamaño de automóviles! Bueno, quizás no tanto, pero en la feria hay una competencia de calabazas.

Este año Ricky y yo vamos a cultivar ¡las calabazas más grandes que esta aldea haya visto jamás! Nos pasamos el invierno hablando de esto. Una vez que el sol pudo calentar el suelo, estábamos listos para sembrar.

Él sembró varias semillas cerca de su casa. Yo planté otras cerca de mi casa. Nos prometimos que si yo ganaba él estaría contento y que si él ganaba yo lo estaría también. Después de todo, éramos buenos amigos.

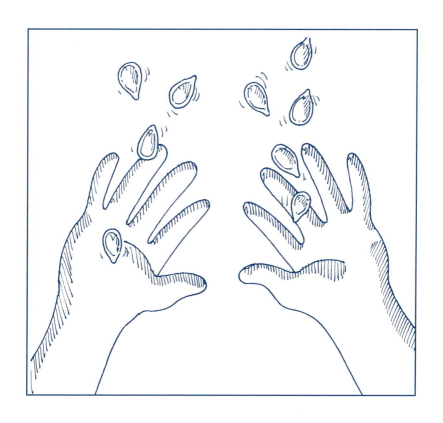

Sembré las súper secretas semillas de calabazas grandes de mi padre. Ricky sembró las semillas de su madre. Ellas las llama las semillas que siempre dan las más grandes.

Todos los días Ricky y yo íbamos a ver el suelo. Nada salía. Entonces, un buen día, ¡mis semillas brotaron! También lo hicieron las de Ricky. —¡El mismo día!

Entonces las enredaderas de las calabazas treparon por doquier. Se formaron enredaderas por todo el suelo y por las paredes.

—Oye Luis —me dijo mi hermano—. ¿Qué haces con todas esas calabazas?

—Ganar la competencia —le prometí.

Algunas de mis calabazas empezaron a crecer de verdad, de verdad, de verdad. Cuando fui a ver las de Ricky estaban tan grandes como las mías. Decidí que aunque él ganara seríamos mejores amigos todavía.

Ricky y yo sacamos hierbas malas y regamos la tierra. A veces yo salía de noche en secreto. Les tocaba música y les decía chistes. Leí en algún lugar que las plantas crecen más cuando se les pone música.

Cuando llegó la fecha de la feria, Ricky y yo nos encargamos de cortar y sacar las calabazas de las enredaderas. Él las arrastró pues su madre estaba muy ocupada empacando botes de su mejor mermelada de uva. Mi madre llevaba frascos llenos de su mejor mermelada de pimienta.

Muchas calabazas fueron traídas a la competencia. El alcalde siempre hace de juez. Estuvo andando entre las calabazas muy despacio. Entonces seleccionó cinco. Una fue la de Ricky. Otra fue la mía.

El alcalde se detuvo frente a la calabaza de Ricky. —Ésta es la calabaza más grande del pueblo. ¡Ricky se ha ganado la corona! —dijo. Todos aplaudieron. Mi corazón se sentía entristecido.

Entonces el alcalde le dio otro vistazo a la mía y comenzó a sonreírse. Cuando empezó a reírse casi me pongo a llorar. Tocó mi calabaza. —Ésta también recibe un premio —dijo.

—¿Lo ven? ¡Se parece a mí!
Miré la calabaza. ¡Era cierto! El alcalde se volvió a reír.

Luis y yo nunca pensamos que ambos seríamos los reyes de la feria.